ΠΟΛΥΤΙΜΕΣ ΣΤΙΓΜΕΣ

Της
JOANNE SHERRY MITCHELL
Ιωάννα Σκεαδάς Mitchell

Μετάφραση
Αθανασία Κουτσοφάβα

ΒΙΒΛΙΑ ΤΗΣ JOANNE SHERRY MITCHELL
Ιωάννα Σκεαδάς Mitchell

Moments

Moments And Then Some

Moments When Night Becomes Day

Moments Gentle Hints to Life

Moments No Replacement Found

Moments With Mrs. Melissa Sherry Smith 5th Grade Class

Miami Poets Soiree 2023

Momentos De Risa, Dolor y Amor

Moments As Milestones

The Pain We Call Love

Πολύτιμες Στιγμές

Επισκεφτείτε την ιστοσελίδα της Joanne Mitchell

www.momentsbyjoanne.com

Μπορείτε να επικοινωνήσετε μαζί της

moments@momentsbyjoanne.com

2024 Joanne S. Mitchell. Με επιφύλαξη παντός δικαιώματος συμπεριλαμβανομένου του δικαιώματος αναπαραγωγής αυτού του βιβλίου ή μέρη αυτού σε οποιαδήποτε μορφή, χωρίς γραπτή συγκατάθεση του εκδότη. Τυπωμένο στις Ηνωμένες Πολιτείες της Αμερικής

ΥΧΑΡΙΣΤΙΕΣ

Καλλιτεχνική επιμέλεια εξωφύλλου Jade M. Read
Φωτογραφία οπισθόφυλλου Ιάκωβος Mitchell(Dimitri)

Επεξεργασία Σχεδίασης Εξώφυλλου Victor Morales,
Καλλιτεχνικός Διευθυντής
Επαγγελματική Διαχείριση, Α.Ε.

Με ιδιαίτερες ευχαριστίες για την αδιάλειπτη αφοσίωση και βοήθεια τους στην ολοκλήρωση αυτού του βιβλίου: Betty Smith and Marie Bartlett

Ιδιαίτερες ευχαριστίες στην

Αθανασία Κουτσοφάβα

Για την μετάφραση των ποιημάτων μου στα Ελληνικά και για την διαφύλαξη της ελληνικής μου κληρονομιάς.

ΕΙΚΟΝΟΓΡΑΦΗΣΗ

Sienna Santiago, NWSA, *Οδηγώντας Σε Ένα Δεντρόφυτο Δρόμο*, σελ.11

Lily Silva, NWSA, *Έχω Ένα Παιδί*, σελ. 15

Rain Ritzinger, NWSA, *Ο Πατέρας Μου, Μου Έδωσε Ένα Βιβλίο*, σελ. 23

Josstan Shook, NWSA, *Ζωντανά*, σελ.29

Cy Loveland, NWSA, *Κάνοντας Τα Όλα Μαζί*, σελ.35

Hannah Botella, NWSA, *Πάρε Χρόνο*, σελ.41

Alma Castillo, NWSA, *Τα Δάκρυα μου*, σελ.45

Luis Leon, NWSA, *Τόσο Παράξενο*, σελ.49

Carolina Aguila, NWSA, *Μην Πηγαίνετε Όπου Είναι Εκείνος*, σελ.56

Natalia Campos, NWSA, *Μην Πηγαίνετε Όπου Είναι Εκείνος*, σελ.58

Natalia Campos, NWSA, *Αποτυχία*, σελ. 65

Frances Galeano, NWSA, *Αυτά Που Έχει Κάνει*, σελ.67

Lanelle Contreras, NWSA, *Κλάμα*, σελ..74

Laura Tabares, NWSA, *Πώς Το Λες Σε Κάποιον;* σελ.79

Micaela Mejia, NWSA, *Εσύ Μιλάς, Εγώ Ακούω*, σελ.82

Daniel Sirgado, NWSA, *Μητρότητα*, σελ..85

Zhao Gil, NWSA, *Μεταφορά*, σελ.87

Johan Duran, NWSA, *Που Και Που*, σελ.90

Bianca Lopez-Lima, NWSA, *Αυτός Ο Άντρας*, σελ.92

Isabella Ambrogi, NWSA, *Παρατημένος*, σελ.94

Wish Hall, NWSA, *Μία Δόση Τρέλας*, σελ.97

Alver Mera, NWSA, *Ρομάντζο*, σελ.99

Kamila Albedo, NWSA, *Δουλειές Του Σπιτιού*, σελ. 103

Jason Josep, NWSA, *Κρύβοντας Την Ακαταστασία*, σελ.106

Elinor Cleare's χειρόγραφο σημείωμα, σελ.110

Emma Villavicencio, NWSA, *Ο Τοίχος Της Τουαλέτας*, σελ.114

Carolina Lopez-Lima, NWSA, *Γιατί Περίμενα*, σελ.120

Αυτό το βιβλίο είναι αφιερωμένο σε Αυτούς που με βοήθησαν να Εκτιμήσω τις Ελληνικές ρίζες και την κληρονομιά μου.

Peter and Aphrodite Skeadas

Stella Donelan

Evangeline Scurtis

Nick Mavrick

Elinor Cleare

Nicholas Skeadas (Uncle Nick)

Samuel Alexander (Uncle Sammy)

Father Michael Sitaras

John Scurtis

Richard Sherry (Gus Skeadas)

Helen Alexander Sherry

Father Christopher T. Metropulos

Toula Petrides

Father Spiros D. Bobotas

George Jenetopulos

George Theodore, PHD

George Cantonis

ΠΕΡΙΕΧΟΜΕΝΑ

Μπαμπά...σελ.1

Φέρετρου Λόγια......................................σελ.4

Νομίζω Ότι Διαλογίζομαι.......................σελ.6

Οδηγώντας Σε Ένα Δεντρόφυτο Δρόμο.....σελ.8

Με Ντροπή...σελ.12

Είμαι Σε Μία Λέσχη Βιβλίου..................σελ.13

Έχω Ένα Παιδί......................................σελ.14

Γκολφ...σελ.16

Μετά Από Όλα Αυτά Τα Χρόνια............σελ.20

Στα Δεκαεννιά..σελ.21

Ο Πατέρας Μου, Μου Έδωσε Ένα Βιβλίο....σελ.22

Προσευχή Μες Στο Μυαλό Μου.............σελ.24

Η Εθισμένη Μου....................................σελ.25

Ωχ Όχι...σελ.26

Ζωντανά..σελ.28

Αδύναμη..σελ.30

6:00 Π.Μ..σελ.32

Κάνοντας Τα Όλα Μαζί.........................σελ.34

Σεξ..σελ.36

Η Αθετημένη Υπόσχεση........................σελ.39

Πάρε Χρόνο..σελ.40

Λίστα Επιθυμιών...................................σελ.42

Όταν Γράφεις..σελ.43

Τα Δάκρυα Μου...σελ.44

Το Φως Της Ημέρας Ξεθώριασε...σελ.46

Κάτι...σελ.47

Τόσο Παράξενο...σελ.48

Τα Μυστικά Που Κρατάμε...σελ.50

Υποτιμητικό...σελ.52

Πήρα Ένα Μάθημα...σελ.53

Μην Πηγαίνετε Όπου Είναι Εκείνος...σελ.57

Γνωρίζοντας...σελ.60

Ημερολόγια...σελ.62

Αποτυχία...σελ.64

Αυτά Που Έχει Κάνει...σελ.66

Πόσο Συχνά...σελ.68

Παρεμβαίνοντας Στη Ζωή Μου...σελ.70

Σήμερα Είναι Η Ώρα...σελ.71

Σήμερα Αναλογίζομαι...σελ.72

Η Κατανόηση Γεννιέται...σελ.73

Κλάμα...σελ.75

Απλά Κουβέντα...σελ.76

Βρες Το Κλειδί Της Στοργής Μου...σελ.77

Πώς Το Λες Σε Κάποιον;...σελ.78

Το Απολαμβάνω Όταν...σελ.80

Είναι Προσκολλημένη...σελ.81

Εσύ Μιλάς, Εγώ Ακούω...σελ.83

Μητρότητα......σελ.84

Μεταφορά......σελ.86

Λυγισμένα Πόδια, Πεσμένα Στήθη......σελ.88

Επιπλοκές......σελ.89

Που Και Που......σελ.91

Αυτός Ο Άντρας......σελ.92

Παρατημένος......σελ.93

Μία Δόση Τρέλας......σελ.96

Ρομάντζο......σελ.98

Δουλειές Του Σπιτιού......σελ.101

Κρύβοντας Την Ακαταστασία......σελ.105

Το Κατώφλι......σελ.108

Ο Θάνατος Τελειώνει Μια Ζωή Όχι Μία Σχέση......σελ.110

Ο Τοίχος Της Τουαλέτας......σελ.112

Νεκρή Σκόνη......σελ.116

Γιατί Περίμενα......σελ.121

ΜΠΑΜΠΑ

Μου λείπεις

Ζεις τόσο κοντά

Κι όμως δεν έχουμε ανταμώσει

Για πέντε χρόνια.

Δεν ήσουν να μου μάθεις πως να οδηγώ

Δεν ήσουν να με δεις όταν έμαθα να βάζω μακιγιάζ

Δεν ήσουν να αμφισβητήσεις το πρώτο μου ραντεβού

Την επόμενη εβδομάδα είναι ο χορός αποφοίτησης από το λύκειο

Θα είμαι στολισμένη

Θα μου άρεσε να με βγάλεις φωτογραφία.

Σκέφτομαι τους πατεράδες

Τη δύναμη τους και τη σκληρή τους δουλειά

Σε ήθελα

Να με κρατάς όταν τσακωνόμουν με τη μαμά

Για πράγματα που γνωρίζω ότι δεν ήταν σωστά.

Γνωρίζω ότι δεν ήμουν άγγελος

Γιατί αν ήμουν θα με ήθελες.

Απλά για να το ξέρεις

Μου λείπεις

Σε παρακαλώ θυμήσου

Με κρατούσες στην ποδιά σου

Τα δυνατά, ασφαλή σου χέρια

Τυλιγμένα γύρω μου

Ήμουν προστατευμένη.

Στα επτά

Εσύ

Με φίλησες για αντίο στα δακρυσμένα μου μάτια

Ακόμη σε χρειαζόμουν, ήθελα τη δική σου

Προστασία.

Τώρα, μαθαίνω να προστατεύω

Τον εαυτό μου.

Κάνε το σωστό

Μάθε ότι η ζωή μου θα είναι

Χωρίς εσένα

Μπαμπά

Μου.

ΦΕΡΕΤΡΟΥ ΛΟΓΙΑ

Η Σούζαν πέθανε

Είμαι στην κηδεία της

Θέλω να της μιλήσω

Πώς συνέβη;

Μία μέρα ξάπλωσε για ένα Σαββατιάτικο υπνάκο

Που και σε εμένα αρέσει να παίρνω

Αλλά δεν σηκώθηκε

Θέλω να ρωτήσω τη Σούζαν

Εγώ μπορώ ακόμη να παίρνω υπνάκους;

Μου λείπει ήδη

Δεν είμαι σίγουρη πώς θα τα καταφέρει ο άντρας της

Χωρίς εκείνη

Και οι δύο παντρευτήκαμε τον σχολικό μας

Έρωτα

Και οι δύο έχουμε μία μόνο αγάπη

Απορούσαμε με την αθωότητα μας

Δείπνα και συζητήσεις για βιβλία

Τελείωσαν τώρα·

Απώλεια και για τους τέσσερις μας.

Γιατί συνέβη;

Δεν καταλαβαίνω

Φαντάζομαι ούτε και εσύ

Μου λείπεις

Θα ακολουθήσει και άλλη κουβέντα με το φέρετρο

Γιατί μου λείπεις

Αυτή τη στιγμή

 Κρυώνω

Αφουγκράζομαι για την κουβέντα στη σιωπή

Θα έρθει στη συζήτηση για

Το θρήνο.

ΝΟΜΙΖΩ ΟΤΙ ΔΙΑΛΟΓΙΖΟΜΑΙ

Καθισμένη στο μπαλκόνι

Με θέα τον κόσμο

Όχι στη στάση διαλογισμού

Απλά χαλαρή, με το αεράκι και τη θέα·

Είναι τα δώρα της φύσης σε εμένα σήμερα.

Διαβάζω

Σε στάση διαλογισμού

Χαλαρώνω

Δεν σκέφτομαι τίποτα

Το δροσερό αεράκι με ηρεμεί

Όχι για να σκεφτώ, όχι για να θυμηθώ

Απλά για χαλάρωση, το αεράκι

Ο ήχος της θάλασσας

Οι σκιές χορεύουν καθώς δύει ο ήλιος.

Κλείνω τα μάτια μου

Βολεύομαι στο μαξιλάρι

Το κεφάλι μου καλοδέχεται την άνεση

Θέλω να κοιμηθώ.

Το αεράκι με κρατάει ξύπνια

Το πνεύμα μου ελεύθερο

Είμαι ζωντανή

Νιώθω δέος

Το καλύτερο θέαμα στη γη.

Ήταν και ο Γέιτς ή ο Λανγκφέλοου εδώ;

Καλώς ήρθες στον κόσμο μου

Άσε το κεφάλι σου να χαλαρώσει

Άσε το μυαλό σου να συγκεντρωθεί στο ζεστό αεράκι

Στους απαλούς ήχους της θάλασσας

Στο θρόισμα των φύλλων

Στα παιδιά στο βάθος

Στον κοκκινολαίμη εδώ κοντά.

Κλείσε τα μάτια σου, νιώσε το αεράκι

Παράδεισος στη γη

Βολέψου στο μαξιλάρι, ήρεμα

Γιατί όλη η φύση είναι καλοδεχούμενη

Σιγά σιγά κλείνω το βιβλίο μου, αφήνω την πένα μου

Ένα με τη φύση γίνομαι

Ένα με τον εαυτό

Άσε το αεράκι να συνεχίσει τη μαγεία του.

ΟΔΗΓΩΝΤΑΣ ΣΕ ΕΝΑ ΔΕΝΤΡΟΦΥΤΟ ΔΡΟΜΟ

Στο ολοκαίνουριο μου κάμπριο

Αγαπώ το αυτοκίνητο

Η μουσική να παίζει

Θέμα από *Ένα Καλοκαιρινό Μέρος*

Λίγο πιο δυνατά απ' όσο θα έπρεπε.

Αγαπώ τη ζωή

Και συγκεκριμένα τη δική μου ζωή

Συνειδητοποιώ

Άνθρωποι πεθαίνουν σε όλο τον κόσμο

Ε, Θεέ.

Ποιο είναι το σχέδιο;

Έχεις τόσους πιστούς στην Ουκρανία.

Υπάρχει κανονικότητα στη ζωή μου

Γιατί όχι και για αυτούς στην Ουκρανία;

Τι γίνεται με τους στρατιώτες

Που πολεμάνε για τη Ρωσία;

Χωρίς γνώση για πιο λόγο πολεμάνε

Χωρίς επιλογή·

Διαταγές από την κυβέρνηση τους.

Κορονοϊός, οι θάνατοι, τα βάσανα και το χάος

Πού είναι η κανονικότητα τους;

Συνεχίζω στον

δεντροφυτεμένο δρόμο μου

Η μουσική πιο δυνατά απ' ότι θα έπρεπε

Στο ολοκαίνουριο μου αυτοκίνητο

Μπορώ να σε προσλάβω τώρα Θεέ

Να παραχωρήσεις κανονικότητα

Σε όλους;

Χρειαζόμαστε έναν ειδικό

Θεέ και

Εσύ είσαι.

Sienna Santiago

ΜΕ ΝΤΡΟΠΗ

Ξεκινάω τη μέρα μου

Χωρίς χαμόγελο για μένα

Γιατί καθώς πηγαίνω στο δρόμο μου

Η ζωή μου με προσπερνά.

Με το δειλινό, η αυτοκαταστροφή

Έχει ξεκινήσει

Αδιάφορη για τον ήλιο που δύει

Τελειώνω την ημέρα μου

Με ντροπή.

ΕΙΜΑΙ ΣΕ ΜΙΑ ΛΕΣΧΗ ΒΙΒΛΙΟΥ

Ένα από τα κορίτσια

Ερωτεύτηκε ένα ναύτη

Μας λέει ότι της έφτιαξε όλα

Τα ρούχα για τον μήνα του μέλιτος τους

Το μόνο που μπορούσα να σκεφτώ ήταν

Τι συναρπαστικό!

Το άγγιγμα

Το μέτρημα

Κάθε ίντσα

Του κορμιού της

Τι τρόπος να αρχίσεις

Είμαι σίγουρη πως δεν είχε

Το χρόνο να φορέσει τα πάντα

Ή οτιδήποτε, στον

Μήνα το μέλιτος τους.

ΕΧΩ ΕΝΑ ΠΑΙΔΙ

Γεννήθηκε

Εγώ χωρίς πλάνο

Πώς να το ταΐσω

Να αλλάξω τις πάνες

Να το προσέχω

Η πρώτη μου σκέψη

Πόσο ακόμη πριν

Ο γιος μου να μη χρειάζεται γονιό;

Μέρες, ελπίζω.

Λίγες μέρες αργότερα

Ανακάλυψα

Αυτό δεν επρόκειτο να αλλάξει

Για πολύ καιρό·

Για δεκαετίες σίγουρα.

Στα τριάντα τέσσερα, φωνάζω τη μαμά

Μαμάκα βοήθεια, πώς

Ταΐζεις, κάνεις μπάνιο

Τοποθετείς ένα παιδικό κάθισμα αυτοκινήτου;

Με κατανόηση

Είμαι εγκλωβισμένη

Ερωτευμένη·

Γονιός για πάρα πολύ καιρό.

ΓΚΟΛΦ

Παίρνουμε δείπνο

Στο σπίτι του δόκτορα Τζιορτζ

Μιλάει για ασφάλεια ζωής

Αυτός θα πάρει δύο εκατομμύρια ασφάλεια

Για τη γυναίκα και τα παιδιά του

Εσύ πόσα έχεις;

Του λέω αρκετά για τα έξοδα της κηδείας

Γελάει και μου λέει να το ξανασκεφτώ

Δεν είναι αρκετά.

Σταματάμε να μιλάμε για το θάνατο

Γι' αυτό άλλωστε είναι η ασφάλεια

Όταν ένας αγαπημένος σου πεθάνει

Νοιάξου αρκετά ώστε να διασφαλίσεις

Ότι έχουν όλα όσα δεν χρειάζονται.

Αυτός είναι μέλος σε τρεις λέσχες γκολφ

Το ίδιο και εμείς

Με τη μόνη διαφορά

Μετά από δώδεκα χρόνια, εγώ ακόμη προσπαθώ να παίξω·

Να βρω το σωστό συμπαίκτη

Τώρα οδηγεί ο άντρας μου

Το αυτοκινητάκι του γκολφ και μου λέει

Τι κάνω λάθος.

Ρωτάει τον Τζιορτζ αν μπορεί

Να τον πάρει μαζί του στο γήπεδο μια μέρα

Για να του δείξει όλους τους κανόνες

Του παιχνιδιού.

Ο Τζιορτζ του λέει

Πρέπει πρώτα να μπορείς να συζητήσεις μαζί μου

Για τρεις ώρες

Μετά μπορώ να σου διδάξω πως να παίξεις.

Στην ηλικία μας πρέπει να έχεις

Κάποιον συμπαίκτη που ταιριάζει στην προσωπικότητα σου

Βρες το σωστό συμπαίκτη, μετά μάθε πως να παίζεις

Με το σωστό συμπαίκτη

Την κατάλληλη συζήτηση

Είσαι χαλαρός.

Απολαμβάνοντας την ομορφιά της φύσης

Χτυπάς την μπάλα

Αν από τύχη, επιδεξιότητα, συγκυρία

Πετύχεις μία καταπληκτική βολή

Θα επιστρέψεις στο παιχνίδι.

Μας λέει

Ξέρω σίγουρα, πως αν έπαιζα

με τον Τάιγκερ Γουντς

θα χτυπούσα τουλάχιστον μία βολή καλύτερα από αυτόν

Γι' αυτό το παιχνίδι είναι τόσο διασκεδαστικό

Μια στις τόσες το κάνεις σωστά

Η τέλεια βολή

Ο σφυριχτός ήχος

Το ύψος

Το ρολάρισμα

Όλα τέλεια.

Ο σύζυγος μου δεν είχε ποτέ την ευκαιρία

Να κάνει την τρίωρη συζήτηση

Πριν το πρώτο του μάθημα γκολφ.

Ο δόκτορας Τζιορτζ πέθανε ένα πρωινό

Λίγες εβδομάδες μετά την επίσκεψη μας

Η ασφάλεια ζωής χρησιμοποιήθηκε

Η σύζυγος και τα παιδιά

Τακτοποιήθηκαν

Η συζήτηση ακόμη

Έρχεται·

Το γκολφ ακόμη αναμένεται να παιχτεί.

ΜΕΤΑ ΑΠΟ ΟΛΑ ΑΥΤΑ ΤΑ ΧΡΟΝΙΑ

Θα πίστευες πως τα προβλήματα μου θα

Συρρικνώνονταν

Δεν υπάρχουν υποδείξεις

Ούτε κανόνες

Για συρρίκνωση προβλημάτων

Τρέχα, λέω στον εαυτό μου

Απάλυνε τον πόνο μου

Το κεφάλι μου τόσο

Βαρύ με

Προβλήματα

Τρέχα, τρέχα

Ναι, τρέχα.

ΣΤΑ ΔΕΚΑΕΝΝΙΑ

Ξεκινάω με μαγεία

Στο μυαλό μου

Δεν υπήρξε μαγεία

Η δουλειά έφερε τη μαγεία

Να μου φέρει όλα όσα ήθελα

Ή νόμιζα ότι χρειαζόμουνα.

Στα είκοσι εφτά ήρθε η αγάπη

Μαγεία στην καρδιά μου

Δεν υπήρξε μαγεία για την αγάπη

Γιατί η αγάπη ήθελε δουλειά.

Τώρα ξέρω

Δεν υπάρχει μαγεία

Στη ζωή

Ακόμη και ο θάνατος

Απαιτεί δουλειά μέχρι

Να σε επισκεφτεί.

Ο ΠΑΤΕΡΑΣ ΜΟΥ , ΜΟΥ ΕΔΩΣΕ ΕΝΑ ΒΙΒΛΙΟ

Διάβασα το σημείωμα του για εμένα

Αγαπητή Τζοάν,

Καλά Χριστούγεννα και

Ευτυχισμένο το Νέο Έτος.

Με αγάπη, Μαμά και Μπαμπάς

Δεν γίνεται να το έχει γράψει αυτό!

Ήθελα περισσότερα

Έγραψε το ίδιο σε όλους αυτούς

Που έδωσε ένα βιβλίο·

''Ήθελα κάτι ξεχωριστό

Γιατί νόμιζα ότι ήμουν ξεχωριστή

Όταν επρόκειτο για βιβλία,

Μοιραζόμασταν χρόνο μαζί

Διαβάζοντας, μιλώντας, αγοράζοντας

Φτιάχνοντας ένα μέρος για όλα μας τα βιβλία.

Απογοητευμένη

Το βιβλίο είχε μικρότερη σημασία από

Τα λόγια του

Μου άρεσε να τον ακούω να μιλάει

Για ιστορίες της ζωής του

Από στρατιώτης, δικηγόρος

Να γίνεται μέχρι ταξιτζής.

Δεν είμαι σίγουρη ότι αυτό το βιβλίο είναι για μένα

Όταν ήθελα κάτι περισσότερο από ένα βιβλίο.

Rain Ritzinger

ΠΡΟΣΕΥΧΗ ΜΕΣ ΣΤΟ ΜΥΑΛΟ ΜΟΥ

Ευχαριστώ τη ζωή

Για το που βρίσκομαι

Σίγουρα

Δεν γνωρίζω ποιος ακούει·

Πρέπει να ευχαριστήσω.

Πώς μπορεί να είμαι μόνο εγώ

Που έκανα τη διαφορά;

Η παρόρμηση μου να εισέλθω

Στο εγκόσμια σφαίρα

Όπου κανείς δεν έχει βρεθεί

Κανείς δεν έχει αναφέρει

Κι όμως, υπάρχει μία αίσθηση

Ότι υπάρχει κάπου εκεί έξω.

Ευχαριστώ για εδώ που βρίσκομαι

Εσώτερη προσευχή.

Η ΕΘΙΣΜΕΝΗ ΜΟΥ

Την αγαπώ

Της συμπεριφέρομαι ευγενικά

Την καλοδέχομαι στο σπίτι μου

Μεγαλώνω την εξάρτηση της

Με τη φροντίδα μου και την αγάπη μου;

Βασίζεται πάνω μου

Για τόσο πολλά πράγματα

Σήμερα είμαι κουρασμένη

Πάνω, κάτω, καλή εβδομάδα

Κακός μήνας

Έχει χαλάσει η καλοσύνη

Και των δύο μας τις ζωές;

Πολύ αδύναμη να βροντήξω την πόρτα

Να την κλείσω μια για το καλά

Μαντεύω και είναι μόνο μία μαντεψιά

Βασίζομαι στην οικογένεια

Και στην αγάπη, να θεραπεύσει

Την εθισμένη μου.

ΩΧ ΟΧΙ

Συνέβη

Ερωτεύτηκα

Το άφησα να με προσπεράσει για χρόνια.

Δεν ήθελα να δώσω ένα κομμάτι μου

Στην αγάπη

Απλά έπρεπε να περιμένω μέχρι

Να καταλάβω τα τραγούδια

Της αγάπης και της απώλειας.

Έχω ανάγκη την αγάπη που μου δίνεις

Είναι μία καθημερινή εικοσιτετράωρη ανάγκη

Σου την κάνω γνωστή

Η πόρτα μου είναι διαρκώς ανοιχτή

Μόνο για σένα.

Μετά κάτι αναπάντεχο συνέβη

Δεν είχα ιδέα

Η αγάπη συνοδεύεται από δύναμη

Μοιάζει να μπορώ να κάνω τα πάντα

Η αγάπη συνοδεύεται από κατανόηση

Ότι οι δύο γίνονται ένας.

Η αγάπη συνοδεύεται από καλοσύνη

Τι μπορώ να κάνω σήμερα για να σε κάνω πιο ευτυχισμένο;

Θα είμαστε μαζί για πάντα

Όμως υπάρχει χώρος μεταξύ μας

Να ξεχυθούμε, να είμαστε αυτοί που είμαστε σαν ένα.

Σαν το λουλούδι που ανθίζει και το χώμα

Το καθένα έχει το σκοπό του

Μα είναι μαζί.

ΖΩΝΤΑΝΑ

Έχω όνειρα

Τόσο ζωντανά

Καταμεσής στη νύχτα

Ξυπνάω και σκέφτομαι

Τι παράξενο γεγονός συνέβη.

Με ακολουθεί όλη τη μέρα

Το δράμα του εφιάλτη μου

Ή η στιγμή που ένας αγαπημένος μου

Έρχεται για μία σύντομη επίσκεψη.

Αυτές οι μικρές στιγμές

Κατοικούν στην καρδιά μου.

Όνειρα

Ζουν

Περιγράφουν

Μιλάνε

Φόβοι

Ακούνε

Όλα μέρος της ζωής μου τώρα.

Η δύναμη των ονείρων

Καταμεσής στη νύχτα.

ΑΔΥΝΑΜΗ

Σήμερα είμαι αδύναμη

Ο λόγος, άγνωστος

Τόσο αδύναμη που με το ζόρι σηκώθηκα από το κρεβάτι.

Τα κατάφερα, μόνο για να τακτοποιήσω τη φυσική μου ανάγκη

Αδύνατον να αλλάξω τα σεντόνια

Θέλω να θρηνήσω

Που το βρίσκω χειρότερο από το να κλάψω.

Όμως η δύναμη να θρηνήσω δεν υπάρχει μέσα μου

Αισθάνομαι σαν να θρηνώ

Αποθαρρημένη, ριγμένη, πεσμένη.

Όταν έχεις τόσα πολλά

Πετυχαίνεις

Πηγαίνεις στο επόμενο

Μην φτάνοντας ποτέ εκεί που θέλεις να πας·

Εκεί που νομίζεις ότι θα έπρεπε να είσαι

Πάντα ένας στόχος.

Δεν έχεις ποτέ την ικανότητα να απολαύσεις τα τριζόνια να τραγουδάνε

Τα ακούω, θέλω να συγκινηθώ από αυτά

Όμως, βλέπω αν μπορώ να συγκεντρώσω τη δύναμη να θρηνήσω.

Θεέ μου, είναι δύσκολο, πολύ δύσκολο για μένα

Αποφάσισα να μείνω στο κρεβάτι

Η απεραντοσύνη αυτού του συναισθήματος.

Συνήθως, συνεχίζω να παλεύω

Γιατί γνωρίζω ότι η ζωή είναι εύθραυστη

Σύντομη, στο διάβα του χρόνου

Πρέπει να συνεχίζω.

Δημιουργώντας τόση ένταση από το τι θα έπρεπε να κάνω

Τι κάνω

Όχι, σήμερα δεν το κουνάω από εδώ

Αύριο ίσως είναι καλύτερα

Ειλικρινά δεν με ενδιαφέρει εάν δεν είναι.

6:00 Π.Μ.

Είμαι ξύπνια

Αυτός κοιμάται

Τον ακουμπάω απαλά;

Ή να τον αφήσω να κοιμάται;

Περιμένω ένα σημάδι

Ότι ξυπνάει

Για να τον αγκαλιάσω

Το είδος του αγγίγματος που επιτρέπει

Το χέρι μου να απλωθεί στη πλάτη του

από τον αφαλό του μέχρι το στήθος του.

Βάλαμε έναν κανόνα

Να μην ξυπνάμε μία αγάπη που κοιμάται

Σήμερα, σκέφτομαι

Να μην ακολουθήσω τον κανόνα.

Η λαχτάρα να αγγίξω

Ξεπερνά

Την καλοσύνη του να του επιτρέψω

Να κοιμηθεί.

Εξάλλου, ποιος δεν

Καλοδέχεται ένα απαλό άγγιγμα;

Διατρέχοντας τα απαλά σου δάχτυλα

Στα μαλλιά του

Καλοδέξου, το απαλό άγγιγμα.

Το τολμάω·

Κοιμάται ξαπλωμένος στην αγκαλιά μου

Ο τρόπος να αρχίσεις τη μέρα

Ακόμη και εάν όλα καταρρέουν.

ΚΑΝΟΝΤΑΣ ΤΑ ΟΛΑ ΜΑΖΙ

Μεγαλώνουμε παιδιά

Διοικούμε μία εταιρία

Κάνουμε διακοπές

Ακόμη και γυμναστική

Μαζί.

Δεν περίμενα

Ούτε ήθελα

Να χάσουμε και τα μαλλιά μας μαζί.

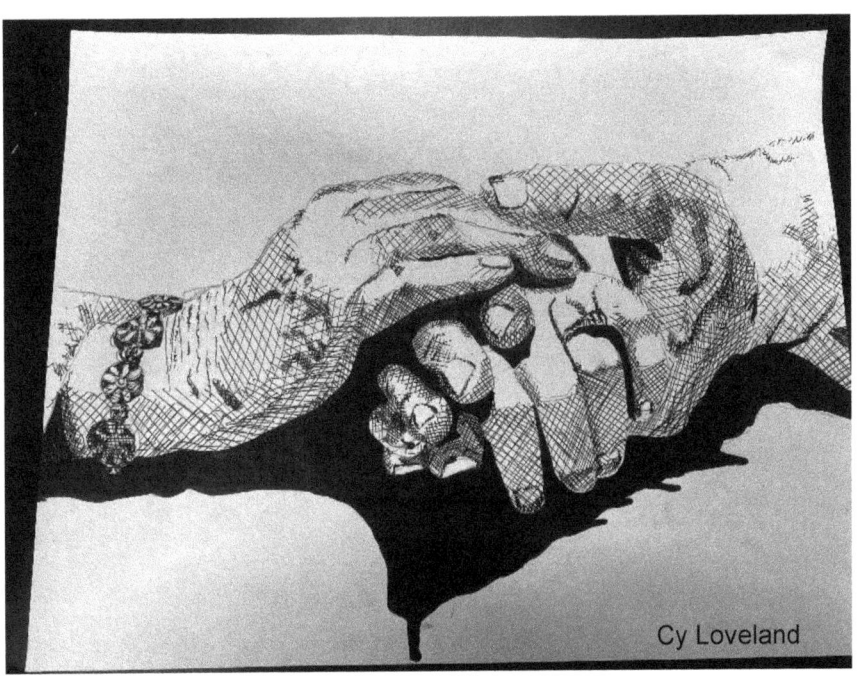

ΣΕΞ

Η πραγματική ιστορία

Ποιος ξέρει

Υπάρχουν τόσοι πολλοί τρόποι

Να σκεφτείς και να αισθανθείς για το σεξ.

Ένα πράγμα πάντως το ξέρω σίγουρα

Όταν είναι σωστό, είναι τέλειο

Το χειρότερο όλων είναι πως ακόμη και εάν δεν είναι σωστό

Πάλι είναι τέλειο.

Το σώμα μας, μας ξεγελά να αποδεχθούμε την αίσθηση

Δεν έχει σημασία

Πόσο όμορφο, άσχημο, αδύνατο κοκκαλιάρικο ή χοντρό.

Το σεξ συγχέεται με την αγάπη

Επιθυμία, γάμος, περιστασιακές σχέσεις·

Σεξ της μιας βραδιάς.

Μετά είναι και η θρησκεία που σου μπαίνει εμπόδιο

Ή, όπως λένε, μας βοηθάει να ξεπεράσουμε

Το δίλημμα που μας θέτει η φύση

Περασμένο από το μικροσκόπιο του πολιτισμού.

Θέλουμε

Χρειαζόμαστε

Έχουμε την ορμή

Είναι η ασφαλιστική δικλίδα της ζωής ότι η ζωή θα

συνεχιστεί

Με αφήνει να πιστεύω ότι πρέπει να έχει ωραία αίσθηση

Ακόμη και για τις άγριες γάτες.

Το σεξ εμπλέκεται με τους στόχους μας

Μας βοηθάει να χάνουμε την αίσθηση του τι είναι

σημαντικό

Μας δίνει τη βάση για οικογένεια.

Τα μωρά έρχονται με το σεξ

Αυτό είναι σίγουρο

Χωρίς αυτό, δεν θα υπήρχαμε εμείς.

Δεν υπάρχει κανόνας για όλα

Τόσες πολλές οι παράμετροι για τη φυλή, τη θρησκεία, τη

χώρα

Το μόνο που παραμένει σταθερό, η αναπαραγωγή και η

ωραία αίσθηση.

Αν και δύσκολο να μιλάει κανείς γι' αυτό

Όμως αστειεύονται με αυτό

Το απολαμβάνουν και τα δύο φύλα

Και τα δύο φύλα πληγώνονται από το σεξ

Δύναμη για κάποιους

Δέσμευση για άλλους

Ενδίδουμε, αγωνιούμε, μετανιώνουμε, λάμπουμε

Είμαστε υπερήφανοι

Πάρτε το σαν ένστικτο

Ντροπιαζόμαστε.

Είναι γρήγορο, διαρκεί πολύ

Σιγουριά για το αύριο

Νύχτα γεμάτη εφιάλτες

Ευλογία, μίσος, ευτυχία, χαλαρότητα, όλα τυλιγμένα σε

Μία δύναμη ισχυρή όσο οι καταρράκτες του Νιαγάρα

Αυτό, το αποκαλούμε

Σεξ.

Η ΑΘΕΤΗΜΕΝΗ ΥΠΟΣΧΕΣΗ

Έκανα μερικές

Που δεν μπόρεσα να κρατήσω.

Η καρδία μου πονάει

Να μην κρατήσω μία υπόσχεση

Σε αυτούς που αγαπώ.

Η αθετημένη υπόσχεση

Έχει πολύ μεγαλύτερη αξία

Στη μνήμη

Από

Την υπόσχεση που κρατήθηκε.

ΠΑΡΕ ΧΡΟΝΟ

Κάνοντας μία παύση στην γεμάτη σου μέρα

Για την ανατολή του ήλιου.

Το μυρμήγκι που κουβαλάει το δείπνο του

Η πεταλούδα που απλώνει τα φτερά της

Η ευωδιά μίας ανοιξιάτικης γαρδένιας

Η ζωή στα καλύτερα της

Κατά την παύση της

Χάρης και ομορφιάς.

Hannah Botella

ΛΙΣΤΑ ΕΠΙΘΥΜΙΩΝ

Να έχεις μία

Να μην έχεις

Για εμένα, πιστεύω πως όχι.

Υπερβολική η υπενθύμιση

των πραγμάτων που δεν έχω κάνει.

Ο χρόνος είναι σύντομος

Πίεση να κάνω τη λίστα

Πίεση να ολοκληρώσω τη λίστα

Πίεση ποιον να συμπεριλάβω στη λίστα

Πίεση να φροντίσω τον εαυτό μου

Η σημερινή λίστα:

Κάνε το

Όπως έρχεται.

ΌΤΑΝ ΓΡΑΦΕΙΣ

Απλά αρχίζεις

Γιατί δεν υπάρχει ποτέ

Αρχή

Ή τέλος

Απλά λες την ιστορία

Αυτό είναι στο μυαλό σου.

Η ιστορία σου

Από που αρχίζεις

Που τελειώνεις

Αποκλειστικά δικό σου θέμα

Να διαλέξεις.

Είναι το ίδιο με όλες τις ιστορίες

Χρονοδιάγραμμα δεν υπάρχει

Δική σου επιλογή

Πάντα μία ιστορία

Να

Γραφτεί.

ΤΑ ΔΑΚΡΥΑ ΜΟΥ

Στην καλύτερη περίπτωση

Τα δάκρυα φέρνουν δύναμη

Το αδύνατο

Να γίνει δυνατό

Τα δικά μου δάκρυα δίνουν

Τη δύναμη

Στα λουλούδια να ανθίσουν.

Τα δικά μου δάκρυα ζωντανεύουν

Αναμνήσεις αυτών που έχασα

Τα δικά μου δάκρυα φέρνουν

Την απώλεια της μοναξιάς

Τα δικά μου δάκρυα φέρνουν

Την υπερηφάνεια μιας δουλειάς καλά καμωμένης

Τα δικά μου δάκρυα φέρνουν

Την αγάπη ενός παιδιού στην αγκαλιά μου.

Τα δικά μου δάκρυα φέρνουν

Την εγγύτητα που επιθυμώ

Τα δικά μου δάκρυα προμηνύουν ότι

Αύριο θα είναι καλύτερα

Τα δικά μου δάκρυα είναι γραμμένα

Σε νερό.

Alma Castillo

ΤΟ ΦΩΣ ΤΗΣ ΗΜΕΡΑΣ ΞΕΘΩΡΙΑΣΕ

Ξαπλωμένοι ο ένας στην αγκαλιά του άλλου

Κουρτίνες κουνιούνται στο αεράκι

Με λαχτάρα προσδοκάμε

Ο ένας το σινιάλο του άλλου

Για το τι θα επακολουθήσει

Με το κάθε άγγιγμα

Η ζωή ανθίζει

Τρελά ερωτευμένη

Πίσω από αυτή την κλειστή πόρτα

Δημιουργεί έναν ιδιαίτερο κόσμο

Μόνο για δύο.

ΚΑΤΙ

Όντως γνωρίζω

Κάτι

Η ζωή ξεκινάει με τη γέννηση

Ανακατεμένη με

Σχέσεις, θαύμα, φύση.

Κλάματα, συναισθήματα, αγάπη, επιθυμίες

Μέχρι το θάνατο

Όπου όλοι συναντιόμαστε

Με ταχύτητα ως την αιωνιότητα.

Εξαρτημένοι από τον παράδεισο

Ας το φροντίσει ο Θεός·

Ο παράδεισος πρέπει να είναι καλύτερος

Δεν υπάρχει χρόνος

για απογοήτευση.

ΤΟΣΟ ΠΑΡΑΞΕΝΟ

Πρέπει να πουλήσω την οικία μου

Στην αγορά το λένε

Σπίτι

Πραγματικά δε θέλω να φύγω.

Είμαι μόνη μου τώρα·

Τα παιδιά μεγάλωσαν

Πολύ μεγάλο σπίτι για αρχικό

Πολύ μεγάλο για μία μεγάλη κυρία.

Οι αγαπημένοι θέλουν να

Διαλύσουν το σπίτι μου

Όλοι βρήκαν κάτι που αγαπάνε,

Θυμούνται, ή τους θυμίζει κάτι από τότε που.

Από την αγάπη μέχρι στη δουλειά

Τα πράγματα μου πηγαίνουν σε αγαπημένους

Τα τούβλα και το τσιμέντο πηγαίνουν σε ξένους

Ήρθε η ώρα.

Luis Leon

ΤΑ ΜΥΣΤΙΚΑ ΠΟΥ ΚΡΑΤΑΜΕ

Από όλους

Τα μυστικά που λέμε για να κρατήσουμε

Τα μυστικά για τον εαυτό μας.

Πώς μπορώ να πω ότι ο άνδρας μου με χτυπάει

Όχι κάθε μέρα

Αλλά κάθε εβδομάδα τουλάχιστον

Όλοι νομίζουν

Ότι είμαστε ευτυχισμένο ζευγάρι.

Είμαστε, αν εξαιρέσεις τους ξυλοδαρμούς

Και τον τρόμο του να μην ξέρεις

Ποιος θα είναι ο λόγος

Για τον επόμενο ξυλοδαρμό.

Ελπίζω οι γείτονες να μην ακούνε

Το κοπάνισμα στον τοίχο·

Τα πνιγμένα κλάματα.

Μερικές φορές σταματάει πολύ γρήγορα

Και τελειώνει στο κρεβάτι

Τρόμος που μετατράπηκε σε

Ευχαρίστηση με έναν τρόπο

Που το σώμα μου με ξεγελά.

Κανείς δεν μπορεί να μαντέψει

Τα τραβηγμένα μαλλιά

Το μελανιασμένο στήθος

Το πισινός τόσο μωβ

Μπορώ να αρχίσω μία καινούρια απόχρωση δέρματος.

Έτσι κρατάω το μυστικό

Λέω ψέματα για να το καλύψω

Μέχρι

Τι

Δεν είμαι σίγουρη τι θα απογίνει·

Τα ψέματα κρατάνε τα μυστικά ασφαλή

Μέχρι.

ΥΠΟΤΙΜΗΤΙΚΟ

Πρόσκληση στην αγάπη

Αγαπάς για να ψεύδεσαι

Αγαπάς για να απατάς

Η ανησυχία μου

Η ψυχή μου

Αντίο.

ΠΗΡΑ ΕΝΑ ΜΑΘΗΜΑ

Στο χαϊκού

Δεν είχα ξανακούσει για αυτό το είδος γραφής

Ήταν διασκεδαστικό να γράφω διαφορετικά απ' ότι σκέφτομαι.

Πρέπει να βρεις τις λέξεις

Να δημιουργήσεις μία εξίσωση

Το χαϊκού με ελκύει.

Πέντε συλλαβές στον πρώτο στίχο

Επτά συλλαβές στο δεύτερο

Πέντε συλλαβές στον τρίτο

Μόνο τρεις στίχοι.

Απλό, γρήγορο, λίγη σκέψη

Όντως πρέπει να μετράω

Τα δάχτυλα στο αριστερό μου χέρι, βοήθησαν πραγματικά.

Το ακόλουθο χαϊκού γράφτηκε την ημέρα του σεμιναρίου

Ήμουν σαν μωρό που ήθελα να τα διαβάσει όλα

Με το ζόρι άκουγα τους υπόλοιπους συμμαθητές

Να διαβάζουν τα χαϊκού τους

Το δικό μου είχε γραφτεί στην τάξη.

Πέθανε εχθές

Σήμερα γνωρίζω πως είναι νεκρή

Για πάντα έσβησε το φως.

Ασυμφωνία μνήμης

Θεέ μου, τι συμβαίνει

Μυαλό απροσπέλαστο

Πιστεύω στα όνειρα

Ευκολότερα από την πραγματικότητα

Φέρνουν συναρπαστικά όνειρα

Μπορώ να έχω μία γουλιά

Όχι είπε ο εγγονός μου, δεν

Θέλω τα μικρόβια των ηλικιωμένων

Πεθαίνεις, μετά στον ουρανό

Ο ουρανός πρέπει να είναι καλύτερος

Θεέ, επιβίωσα στη ζωή.

Συχνά, δεν βλέπω

Τρόπο αντικατάστασης και αυτό είναι θέμα

Για κάποιον που δεν μπορεί να αγαπήσει

ΜΗΝ ΠΗΓΑΙΝΕΤΕ ΟΠΟΥ ΕΙΝΑΙ ΕΚΕΙΝΟΣ

Είχα έναν «βρώμικο» συγγενή

Θα μας έβρισκε

Κυρίως στο κλιμακοστάσιο

Στο σημείο ανάμεσα

Τα πρώτα έντεκα σκαλιά και τα

Τα δεύτερα έντεκα σκαλιά.

Στην αρχή νομίζαμε ότι είναι αστείο

«Εμείς»

Αφορά στις αδερφές μου και σε εμένα

Μας ήθελε και τις τρεις μας

Το οποίο ανακαλύψαμε ένα βράδυ

Με τις κορυφαίες κόριτσο κουβέντες μας.

Αυτό που έκανε τ' ονομάζαμε σκουντιχτό χορό

Πάντα φορώντας ρούχα.

Μην ακουμπώντας ποτέ κανένα άλλο σημείο του σώματος μας

Παρά μόνο το βουναλάκι

Ανάμεσα στον αφαλό και τους μηρούς

Τυχερές που ήταν τόσο κοντός·

 NATALIA CAMPOS

Natalie Campos

Μπορεί να είχαμε και ανεπιθύμητα φιλιά.

Αποφασίσαμε να πάμε στον μπαμπά μας

Αρκετά πια

Έπαψε να είναι αστείο

Η απάντηση του

Στο δίλημμα μας:

Απλώς

Μην πηγαίνετε εκεί που είναι εκείνος.

Έτσι τρέχαμε προς την αντίθετη κατεύθυνση

Όταν μυρίζαμε τον καπνό του τσιγάρου

Τρέχαμε χασκογελώντας,

Αν ανέβαινε το πρώτο σκαλί, εμείς

Κατεβαίναμε από τις πίσω σκάλες

Το οποίο παραδόξως δούλεψε.

Ο «βρόμικος» γεράκος μας

Δεν είχε με ποιον να χορέψει.

ΓΝΩΡΙΖΟΝΤΑΣ

Οι ανάγκες μου

Δεν κάνουν καμία διαφορά.

Γνωρίζοντας με, εσύ

Πραγματικά γνωρίζεις

Τις ανάγκες και τα θέλω μου

Απλά δεν είναι αρκετά σημαντικά.

Καθώς κάθομαι στην

Μοναξιά

Κάτι απλά δεν είναι σωστό

Μεταξύ των δυο μας.

Θα το ξεπεράσω

Θα παραμείνω σιωπηλή.

Η γκρίνια·

Η κλάψα, ποτέ

Δεν δούλεψε.

Ζω με τις κακές

Τις στενάχωρες μέρες

Κολλημένη, περιμένοντας, θέλοντας, έχοντας την ανάγκη

Μίας καλής μέρας.

Ξύπνα

Σταμάτα να λυπάσαι

Ξεκίνα με έναν περίπατο

Να είσαι ευγνώμων για τον περίπατο

Το καλό θα έρθει.

Άνοιξε την πόρτα σου.

ΗΜΕΡΟΛΟΓΙΑ

Έχω επτά κούτες με ημερολόγια

Γραμμένα από όταν ήμουν δεκατριών.

Έγραφα

Ιστορίες ενώ έκλαιγα

Ακατάλληλες για έκδοση.

Κυρίως λυπηρές στιγμές της ζωής μου

Όταν περνούσα καλά

Γιατί να σκοτιστώ να γράψω

Ωραίες στιγμές που απολάμβανα;

Μου άρεσε να μαθαίνω πως να κάνω ποδήλατο

Να συμμετέχω στην ομάδα κολύμβησης

Να μαθαίνω πως να φιλάω

Να μαθαίνω πως να είμαι καλή φίλη

Να κάθομαι στο τραπέζι για δείπνο

Με την οικογένεια μου.

Αυτές οι ζεστές στιγμές ικανοποίησης

Με κρατούσαν από το να γράφω.

Όλα τα χρόνια, έχω αποθηκεύσει

Εκείνα τα παλιά, λεκιασμένα, σκισμένα ημερολόγια

Δεν έχω το χρόνο να τα ξαναδιαβάσω

Ούτε και θα το κάνω ποτέ.

Σήμερα το πρωί σκεφτόμουν

Κάψ' τα όλα

Το χαρτί καίγεται γρήγορα

Θα φτάσει στον ουρανό

Εξάλλου

Λατρεύω τη φωτιά.

ΑΠΟΤΥΧΙΑ

Όταν συμβαίνει

Η αποφασιστικότητα μου μειώνεται

Στο τίποτα.

Ναι σηκώνομαι

Προχωράω μπροστά

Ξεπερνάω

Το πρόβλημα

Αν και πολύ δύσκολο.

Καθώς μεγαλώνω

Το να ξεπερνάω την αποτυχία

Γίνεται πιο δύσκολο

Λαχταράω γαλήνη

Ικανοποίηση.

Πρέπει να αντιμετωπίσω την αποτυχία

Την περίπλοκη γύμνια της

Που φέρνει γνώση

Για βελτίωση την επόμενη φορά.

Αλλάζοντας πορεία

Ενάντια σ' ένα δυνατό, κρύο άνεμο.

Natalia Campus

ΑΥΤΑ ΠΟΥ ΕΧΕΙ ΚΑΝΕΙ

Είπε ψέματα

Έκλεψε

Πήρε ότι ναρκωτικά υπάρχουν

Για να ησυχάσει την καταιγίδα μέσα στο

Μυαλό που κάποτε χρησιμοποιούσε για να μαθαίνει.

Ψάχνοντας για ένα μέρος

Να ξεκουράσει το εξαντλημένο της κορμί

Δεν είχε που να πάει.

Ο μπαμπάς της δεν την ήθελε

Για τον κίνδυνο που επέβαλε

Η μητέρα της δεν την ήθελε

Για τον κίνδυνο που επέβαλε

Ο παππούς της δεν την ήθελε

Για τον κίνδυνο που επέβαλε.

Ο βρόμικος, κρύος, υγρός δρόμος την καλοδέχτηκε

Γιατί δεν επιβάλλει κανέναν κίνδυνο

Στον βρόμικο, κρύο, υγρό δρόμο.

Κίνδυνος επεβλήθει μόνο στο

Κορίτσι, που κοιμάται τώρα

Στον βρόμικο, κρύο, υγρό δρόμο.

Frances Galiano

ΠΟΣΟ ΣΥΧΝΑ

Μου λένε

Μίλα

Άσε την αγάπη σου

Να γνωρίζει τι σε βασανίζει

Να είσαι ειλικρινής.

Όσο εύκολο και αν ακούγεται αυτό

Είναι εξαιρετικά δύσκολο

Για μένα

Είμαι ανειλικρινής

Με το εαυτό μου

Με τα θέλω μου

Με τις ανάγκες μου

Με καταστάσεις του παρελθόντος.

Μοιάζει με

Πολύ δουλειά

Για κάποιον

Που θέλεις

Να σε αγαπάει.

Η σιωπή λειτουργεί

Τις περισσότερες φορές

Είναι το να σηκωθείς

Από τη λάθος πλευρά

Φέρνει

Λύπη

Στην καρδιά μου

Νους·

Παρέα με το φόβο.

ΠΑΡΕΜΒΑΙΝΟΝΤΑΣ ΣΤΗ ΖΩΗ ΜΟΥ

Η έκρηξη που δεν ήξερα ότι υπήρχε

Με χτύπησε καταμεσής στην καρδιά

Τυχερό, μικρό, κάθαρμα

Με ενέπνευσες.

Συμβαίνανε τόσα πολλά πράγματα

Όλα ταυτόχρονα·

Η φλυαρία της εσωτερικής μου φωνής

Η πιο δυνατή.

Ένιωσα πως ακολουθούσαμε ένα σενάριο

Όλα εξελίχθηκαν σαν από μυστικιστικό σχέδιο

Η συνάντηση μας

Κρατώντας χέρια γεννήθηκε μια μεθυστική ευχαρίστηση.

Στιγμές πριν γνωριστούμε

Ένιωθα κάτι λιγότερο από συνηθισμένη

Μέχρι τα άκρα.

Να συγκινηθώ τόσο βαθιά

Τι απομένει

Θα σε ξαναδώ;

ΣΗΜΕΡΑ ΕΙΝΑΙ Η ΩΡΑ

Δεν μπορώ να συνεχίσω άλλο

Με σένα στη ζωή μου

Ήθελα κάποιον να είναι εκεί

Για μένα

Με

Φροντίδα, καλοσύνη και οικειότητα

Αντί αυτών, υπήρξαν

Υπερβολικά πολλές πληγές

Αθέατες από όλους

Ακόμη και από εμένα

Μέχρι που μάτωσα.

Είναι εύκολο στο μυαλό μου·

Θέλω να ξέρω ότι με αγαπάνε

Θέλω βεβαιότητα·

Όχι να αναρωτιέμαι.

Αποφάσισα, καλύτερα να είμαι μόνη από

Μόνη με ένα κάθαρμα

Ο αέρας της αλλαγής

Έρχεται.

ΣΗΜΕΡΑ ΑΝΑΛΟΓΙΖΟΜΑΙ

Ποια έχω γίνει

Τόσο διαφορετική από μία

Δεκατριάχρονη

Λυπημένη και αναζητώντας αγάπη

Είναι ώρα να αντιμετωπίσω

Τον εαυτό μου

Γιατί με αγαπάνε

Απλά ξεχνάω να το προσέξω.

Θέλοντας τη λύπη περισσότερο από την ευτυχία

Απελευθέρωση από το παρελθόν

Να βρω τη χαρά

Απλό.

Η ΚΑΤΑΝΟΗΣΗ ΓΕΝΝΙΕΤΑΙ

Ξεκίνησε με τη σιωπή

Ακούστηκε σε όλο το κορμί

Είναι η σιωπή της αγάπης

Αρχίζεις να αισθάνεσαι το θαύμα

Στη σιωπή.

Αιφνιδιασμένες

Τόσο γρήγορες όσο ο άνεμος

Οι καρδιές μας να αγγίζονται

Σαρωτικό

Αίσθημα οικειότητας

Όνειρα πραγματοποιούνται.

Ποτέ δεν γνώριζα

Το βράδυ της Παρασκευής

Το βράδυ του ραντεβού μας

Θα έφερνε

Για πάντα

Αυτό το συναίσθημα, το τόσο γλυκό

Που το λέμε

Αγάπη.

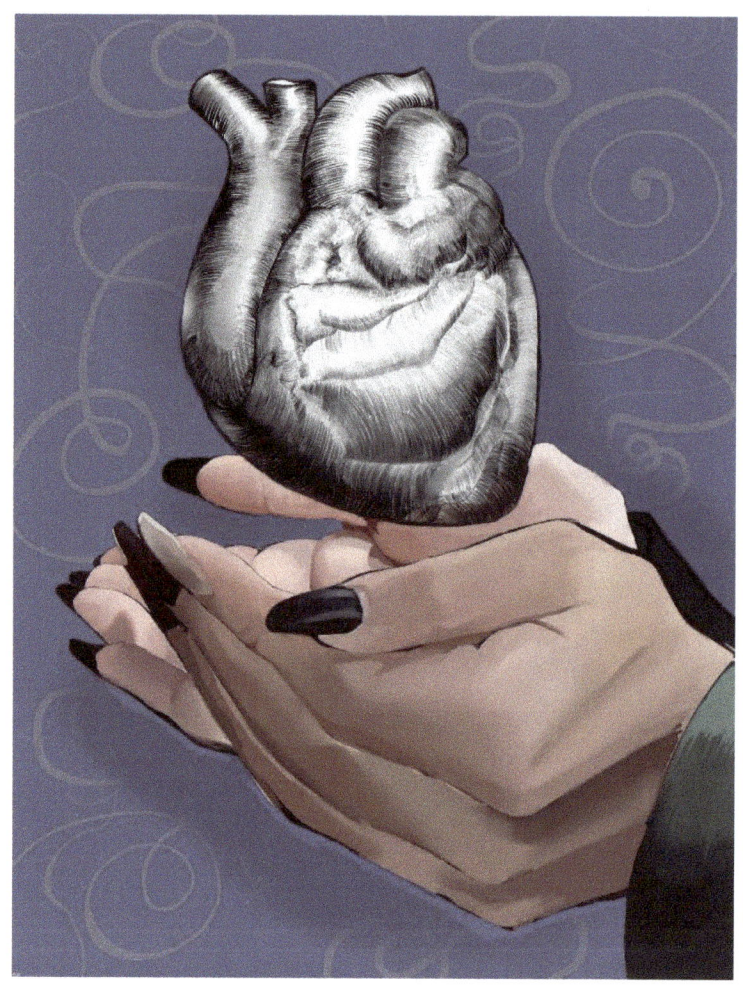
Lanelle Contreras

ΚΛΑΜΑ

Μπορείς να αισθανθείς την καρδιά να κλαίει

Απαλά ακούμπησε το χέρι σου πάνω της

Θα αισθανθείς τη δακρυσμένη καρδιά.

Μία λυπηρή παράσταση

Τόσο κοντά στο άγγιγμα μιας ψυχής

Σαν τον άνεμο που λυσσομανάει

Με τα δέντρα γονατισμένα

Γεμάτα τρόμο·

Το συναίσθημα μίας καρδιάς που κλαίει.

ΑΠΛΑ ΚΟΥΒΕΝΤΑ

Μπορείς να έρθεις

Στο σπίτι μου;

Να με επισκεφθείς για λίγο

Δεν νιώθω μοναχικά

Απλά χρειάζομαι εσένα

Και κουβέντα

Θα πιούμε

Έναν καφέ

Ζεστό, φυσικά

Με ζεστή κρέμα επίσης .

Τα καλύτερα μου μπισκότα

Θα έχω δύο να διαλέξεις

Βρώμη με σταφίδες και ξηρούς καρπούς

Ζεστά μπισκότα σοκολάτας

Σοκολάτα να λιώνει λίγο

Χωρίς ατζέντα

Απλά κουβέντα

Για τα παλιά

Τα τωρινά

Και λίγα όνειρα για το αύριο

Απλά κουβέντα

ΒΡΕΣ ΤΟ ΚΛΕΙΔΙ ΤΗΣ ΣΤΟΡΓΗΣ ΜΟΥ

Βρες το κλειδί της στοργής μου

Η αγάπη μου για σένα

Έκανε την ουσία μου να δραπετεύσει

Η ζωτική μου δύναμη ήξερε καλύτερα.

Έχεις φύγει τώρα

Δεν υπολόγισα καλά τη σημασία σου

Θέλω

Χρειάζομαι

Να βρω το κλειδί της στοργής μου

Χαμένη

Πεπεισμένη, η εσωτερική μου δύναμη

Έχασε την αίσθηση της θέσης της.

ΠΩΣ ΤΟ ΛΕΣ ΣΕ ΚΑΠΟΙΟΝ;

Αγαπάς πάρα πολύ

Για να σταματήσεις να κλαψουρίζεις, να γκρινιάζεις, να

παραπονιέσαι

Ποιος είναι ο σκοπός όλων όσων ξεστομίζεις;

Γιατί δεν σκέφτεσαι να μείνεις με την οικογένεια σου, το

ασφαλές σου μέρος

Αντί να προκαλείς τόσο αλληλοσπαραγμό σε αυτούς που σε

αγαπάνε;

Σκέψου κάποιον άλλο.

Αξιοποίησε στο μέγιστο τα σχολεία

Βρες το σκοπό σου στη ζωή

Είναι η ώρα σου να θέσεις ένα στόχο

Χωρίς να πληγώσεις τους άλλους.

Αυτό είναι το χειρότερο όλων με το να είσαι έφηβος

Είναι όλο εγώ, εγώ, εγώ, εγώ, εγώ.

Σε δέκα χρόνια θα είσαι μόνος σου

Και θα γνωρίζεις γιατί δεν είναι καλή ιδέα να αφήσεις

Ένα δίχρονο να διασχίσει έναν πολυσύχναστο δρόμο

Απλά και μόνο επειδή μπορεί

Βρες παρηγοριά στους κανόνες·

Τον οδηγό.

Laura Tabares

ΤΟ ΑΠΟΛΑΜΒΑΝΩ ΟΤΑΝ

Γνωρίζω την ουσία κάποιου

Κάνει τη ζωή πιο απλή.

Ξέρεις τι τους αρέσει

Τι πυροδοτεί ένα χαμόγελο

Τι τους στεναχωρεί

Το δώρο του να δίνεις

Μην γνωρίζοντας την ουσία τους

Οι σχέσεις γίνονται περίπλοκες

Απόλαυσε να γνωρίζεις την ουσία κάποιου

Εύκολο να υπομείνεις το καλύτερο τους σημείο

Για παράδοση

Ευχαρίστησης

Σε μία κατάσταση ευκολίας.

ΕΙΝΑΙ ΠΡΟΣΚΟΛΛΗΜΕΝΗ

Στα προνόμια

Που απορρέουν από

Το να είσαι σκύλα

Άδικο προνόμιο

Συναισθηματικά φορτισμένο

Να πατήσει πάνω σε κάποιον

Να καταστρέψει

Να ταπεινώσει

Έναν άνδρα υγιή

Μα με αδύναμη καρδιά

Η σκύλα

κρατώντας τους άλλους χαμηλά

υποστηρίζοντας αυτή την αδυναμία

που καταστρέφει

τη ζωή της

και του θύματος.

Micaela Mejia

ΕΣΥ ΜΙΛΑΣ, ΕΓΩ ΑΚΟΥΩ

Εγώ μιλάω, εσύ ακούς

Έχω ανάγκη να γνωρίζω

Τι τρέχει με εμάς;

Γιατί συγκίνησες το κορμί μου

Ώρα να συγκινήσεις την ψυχή μου

Αν δεν μπορούμε να μιλάμε

Πρέπει να

Ντυθώ;

Να φύγω από το κρεβάτι σου.

ΜΗΤΡΟΤΗΤΑ

Προοριζόταν να είναι η πιο

Σημαντική σχέση.

Συνέβη στην αρχή

Το θαύμα της γέννησης

Η οικειότητα της τροφής

Από το απαλό, πρησμένο μου στήθος

Ο ήρεμος χρόνος

Το χτίσιμο της σχέσης.

Άλλα πράγματα άρχισαν να συμβαίνουν

Ο σύζυγος καλεί

Η βρύση χάλασε, άρχισε να στάζει

Η επιβλητική καταιγίδα

Τα ιατρικά ραντεβού

Η πληρωμή των λογαριασμών.

Η σχέση τώρα με εμπόδια

Τραντάγματα, διακοπές

Προχωράει με

Τόσες πολλές ανατροπές

Πρόκειται να συμβεί

Η πιο σημαντική

Σχέση

Χαμένη μέσα στη ζωή.

ΜΕΤΑΦΟΡΑ

Στον κήπο μου

Οποτεδήποτε, οπουδήποτε

Περνάω χρόνο

Επιχειρώντας να

Θυμηθώ τι βλέπω

Εστιάζω όχι στο όλο·

Εστιάζω στα μέρη

Που αποτελούν το όλο

Με βοηθάει να θυμηθώ.

Ο ήχος του ανέμου

Οι κυματισμοί της λίμνης

Τα φύλλα που πέφτουν στο έδαφος

Η ζεστασιά του ήλιου

Η ευωδιά του λουλουδιού

Μικροσκοπική σαύρα τα παρακολουθεί όλα μαζί μου.

Όταν υποβάλλομαι σε θεραπεία

Θυμάμαι αυτόν τον κήπο

Η παρέα μου δεν είναι πια

Μία έγχυση χημικών

Zhao Gil

Στο πολεμικό μονοπάτι

Να καταστρέψω τον εισβολέα στο κορμί μου

Οι εικόνες έρχονται σε θέαση

Η αίσθηση του χώρου αλλάζει στην

Άδεια μου αιώρα κρεμασμένη

Ανάμεσα σε δύο πολύ παλιές βελανιδιές

Περιμένοντας με.

Η τύχη μου στη φύση

Οποτεδήποτε,

Οπουδήποτε.

Λυγισμένα Πόδια, Πεσμένα Στήθη

Αντιμέτωπη με το θάνατο του συζύγου

Τα χρήματα χάθηκαν

Υποτίθεται ότι πρέπει να σηκωθώ

Να ετοιμάσω τα παιδιά για το σχολείο

Με χαμόγελο και εμψυχωτική διάθεση

Εψές δεν έλεγξα για μαθήματα

Ούτε σιγουρεύτηκα ότι υπάρχει πρωινό

Υπερβολικά λυπημένη, υπερβολικά πεινασμένη, υπερβολικά ανήσυχη για το αύριο

Να'μαι, το αύριο έφτασε

Τα παιδιά έφυγαν για το σχολείο

Μόνη μου

Λυγισμένα πόδια

Πεσμένα στήθη

Μόνη

Σ 'ένα ταξίδι απροετοίμαστο.

ΕΠΙΠΛΟΚΕΣ

Φερμένες από το παρελθόν.

Παρελθόν, νεκρό και τελειωμένο

Κι όμως στοιχειώνει

Απροστάτευτοι από

Την παλινδρόμηση του

Πεποιθήσεις διδαγμένες σε μας

Από αυτούς που αγαπάμε·

Περισσότερο από αυτούς που μισούμε.

Πάλη με το παρελθόν

Κενή νίκης

Μοχθηρά

Αφήνοντας μας να προσαρμοστούμε

Στην αλλαγή.

Μαθαίνοντας από το παρελθόν

Όχι ξαναζώντας το

Ασφαλές αύριο

Τερματίζοντας το παρελθόν.

Johan Duran

ΠΟΥ ΚΑΙ ΠΟΥ

Ξυπνάω ευτυχισμένη

Με όλη την ενέργεια

Σαν να ξεκινάω κάτι νέο.

Άλλα πρωινά, θέλω απλά ν' αρχίσω

Θέλει λίγο χρόνο·

Λίγο περισσότερο απ' ότι αναμένεται.

Τον υπόλοιπο καιρό

Ξυπνάω κακόκεφη

Κι έτσι, μου επιτρέπω ν' αποκοιμηθώ για να το ξεχάσω.

ΑΥΤΟΣ Ο ΑΝΤΡΑΣ

Μου λέει ότι είναι γυναίκα

Έρχεται σε μένα ντυμένη

Μου άρεσε σαν άντρας

Γιατί όχι σαν γυναίκα;

Θέλει κουράγιο να

Παραμείνεις σιωπηλός

Σου αρέσουν οι κόκκινες της μπότες;

Οικογενειακή φωτογραφία, επόμενο.

Bianca Lopez-Lima

ΠΑΡΑΤΗΜΕΝΟΣ

Πρέπει να ανακαλύψω πως να αγαπάω

Αυτό είναι γελοίο

Υπάρχει ένα μέρος του εγκεφάλου μου που

Λέει

Αγάπα αλλού.

Αποφασίζω να βρω βαθιά στα άδυτα του μυαλού μου

Τη γλυκύτητα που είναι κρυμμένη

Άρχισε με λουλούδια

Κάθε εβδομάδα όταν αγοράζω φαγητό

Αγοράζω λουλούδια

Τα κόβω

Τα τακτοποιώ

Τα αγαπώ

Πραγματικά έχω αληθινή αγάπη

Πέρασαν τριάντα δύο εβδομάδες και ακόμη

Αγαπώ τα λουλούδια

Μπαίνω στην κουζίνα

Τα λουλούδια με χαιρετάνε

Νιώθω το καλωσόρισμα τους

Μου δίνουν την ώθηση

Isabella Ambrogi

Να έχω μία καλή μέρα

Η ίδια γλυκύτητα

μέσα μου

γέννησε μία δεύτερη αγάπη

μία γάτα

που όντως με περιμένει

στο μπροστινό περβάζι.

Με κάποιο τρόπο, γνωρίζει τη σωστή ώρα

Της άφιξης μου

Συνδέομαι με πολλά πράγματα

Σάντουιτς τούνας

Αγγουράκια τουρσί

Όλη αυτή η αγάπη

Με ευκολία

Πράγματα, κατοικίδια, λουλούδια

Αγάπη για την υπόλοιπη ζωή μου.

Όχι την κοπελιά που με παράτησε.

ΜΙΑ ΔΟΣΗ ΤΡΕΛΑΣ

Η πιθανότητα να γραφτεί μία τραγωδία

Που είναι ο Σαίξπηρ όταν τον χρειάζεσαι;

Θα μπορούσε να με πάρει από 'δω

Κρυφακούοντας σαν φάντασμα

Μία συζήτηση που θα με έπειθε να δράσω

Εν όψη μίας τραγωδίας

Σε μία κατάσταση εξασθένισης της δύναμης

Ευκολότερο να καθίσεις, να κλάψεις, να κλαψουρίσεις, να κρυφτείς στο σκοτάδι.

Έχω χάσει την κόρη μου

Λοιπόν, δεν ήταν πόλεμος

Ήταν σχετικά με το τι προσδοκούσα εγώ

Τι προσδοκούσε αυτή.

Δύο λέξεις διαφορά

Έχει τατουάζ κρυμμένα από μένα

Ψέματα, ο τρόπος της για δικαιολόγηση

Μερικά πρωινά

Που είναι

Με φόβο για το τι μπορεί να συμβεί

Κλαίω με την ελπίδα να έρθει μία αλλαγή

Στο κράσπεδο περιμένοντας

Γιατί παρακολουθώ την αναπάντεχη απώλεια ενός μικρού κοριτσιού

Θέλοντας να την κρατήσω στα χέρια μου από την πρώτη μέρα

Και να το ξανακάνω όλο από την αρχή.

Χωρίς λάθη αυτή τη φορά

Γνωρίζοντας ότι θα γίνουν λάθη·

Απλά διαφορετικά

Έχοντας αφεθεί σε αυτό που είναι.

ΡΟΜΑΝΤΖΟ

Ξεκίνησε με μία σπίθα

Σε ένα λεπτό

Ρίχνοντας μία δεύτερη ματιά

Πιθανώς η μυρωδιά ή το άρωμα

Οπλοστάσιο εσωτερικής χημείας

Που δεν μπορούσε να σταματηθεί

Έτσι ερωτεύτηκα.

Η έλξη ήταν

Αδιαμφησβήτητη

Είχα πιαστεί στο αγκίστρι

Σαν πεινασμένο ψάρι

Περισσότερο ενδιαφέρον στην ευχαρίστηση

Παρά στην πραγματικότητα του ποιο

Ήταν

Αυτό το άτομο που με

Συνεπήρε

Με τόση δύναμη

Στην έλξη;

Η πρόθεση δεν ήταν καν στο μυαλό μου

Απλά μία συνηθισμένη συνάντηση

Του συλλόγου του συγκροτήματος διαμερισμάτων μας

Καθόταν εκεί

Τα βλέμματα μας συναντήθηκαν.

Χαμόγελα

Στραβοκοιτάγματα καθώς

Προχωρούσε η συνάντηση

Λέω στον εαυτό μου, είσαι

Σε επιφυλακή , υπερεκτιμημένη απόψε

Έξαψη από μία ματιά

Αυτό θα είναι αρκετά καλό.

ΔΟΥΛΕΙΕΣ ΤΟΥ ΣΠΙΤΙΟΥ

Αρχίσαμε τον γάμο μας

Και οι δυο μας λίγο ακατάστατοι

Δόξα το Θεό.

Δεν μπορούσα να φανταστώ

Πώς θα ήταν ο έγγαμος βίος

Αν ο ένας από τους δυο μας ήταν τελειομανής

Αντ' αυτού, και οι δύο παντρευτήκαμε έναν τσαπατσούλη.

Καθαρίζαμε κάθε δύο εβδομάδες

Ήταν η ρουτίνα μας

Για δύο εβδομάδες χρησιμοποιούσαμε

Κάθε πετσέτα

Όλα μας τα εσώρουχα

Κάθε πιάτο στο σπίτι.

Στο τέλος της δεύτερης εβδομάδας

Τρώγαμε από τις κατσαρόλες

Σάββατο πρωί, σηκωνόμασταν νωρίς

Μάζευα όλα τα λερωμένα ρούχα

Σεντόνια, πετσέτες, τα πάντα

Το καλάθι με τ' άπλυτα έμοιαζε με δεμάτι από άχυρο

Ήταν τόσο βαρύ που έπρεπε να βοηθήσει

Να το κουβαλήσουμε στο αυτοκίνητο.

Εφόσον δεν είχαμε πλυντήριο στεγνωτήριο

Με πήγαινε στο καθαριστήριο

Στο δρόμο τρώγαμε πρωινό στο εστιατόριο

Αυγά ελαφρώς μελάτα, τοστ, καφέ, μπέικον

Τις καλύτερες ψιλοκομμένες τηγανητές πατάτες με κρεμμύδια.

Με άφηνε

Με όλη την μπουγάδα

Έπρεπε να αρχίσουμε νωρίς

Γιατί θα χρησιμοποιούσα γύρω στα δέκα πλυντήρια.

Μου άρεσε να κάνω την μπουγάδα

Έκανα τόσες επιλογές

Για την ποσότητα νερού, τη θερμοκρασία, τι σαπούνι θα χρησιμοποιούσα

Με ή χωρίς χλωρίνη

Το είδος των ρούχων για κάθε πλύση

Πρώτα έμπαιναν οι πετσέτες

Χρειαζόταν την περισσότερη ώρα για να πλυθούν και να στεγνώσουν.

Γύρω στις δώδεκα θα με έπαιρνε

Όσο έπλενα ρούχα αυτός ήταν

Σπίτι και έπλενε πιάτα

Σκούπιζε το πάτωμα

Σφουγγάριζε

Την κουζίνα.

Έφτανα σπίτι

Τακτοποιούσα τα πάντα

Ενώ αυτός καθάριζε το μπάνιο.

Μέχρι στη μία

Το σπίτι ήταν καθαρό

Τα πάντα ήταν πλυμένα

Εκτός από ότι φορούσαμε

Το σπίτι μας έτοιμο για τις επόμενες

 δύο εβδομάδες·

η ομάδα συντεταγμένη.

ΚΡΥΒΟΝΤΑΣ ΤΗΝ ΑΚΑΤΑΣΤΑΣΙΑ

Δεν είχα σκεφτεί

Η ακαταστασία έπρεπε να είναι κρυμμένη.

Πρώτη φορά μου πέρασε από το μυαλό όταν

Η καινούρια μου πεθερά

Προσφέρθηκε να συμμαζέψει το σπίτι μας

Το οποίο είχαμε ονομάσει

Εξοχικό του μέλιτος.

Δεν το σκέφτηκα καν

Φυσικά, είπα ναι

Πεθερά και κουνιάδα

Ήρθαν, καθάρισαν το σπίτι μας.

Μου άρεσε η αίσθηση των καθαρών σεντονιών

Το μπάνιο αψεγάδιαστο

Μα, μου διέφυγε

Το μονοπάτι ρούχων

Που είχε δημιουργηθεί πηγαίνοντας προς την

κρεβατοκάμαρα μας.

Jason Josep

Φυσικά, νεόνυμφοι

Απολαμβάναμε την κρεβατοκάμαρα μας περισσότερο από

όλα

Κλειδώνοντας την πόρτα

Πριν φύγω για τη δουλειά

Έριξα μια ματιά πίσω να σιγουρευτώ πως είχα

Ότι χρειαζόμουν για τη μέρα

Η τελευταία ματιά στο σπίτι μας

Ήταν το μονοπάτι ρούχων που μετακινήσαμε

Για να φτιάξουμε ένα πέρασμα

Προς την κρεβατοκάμαρα μας.

Πρώτα υπήρχαν παπούτσια

Μετά μπλουζάκι, πουκάμισο

Μέχρι που δεν είχε μείνει τίποτα.

Θαυματουργά, το μονοπάτι

Τελείωνε στην πόρτα της κρεβατοκάμαρας μας.

ΤΟ ΚΑΤΩΦΛΙ

Με το βιβλίο στο χέρι

Η μαμά στη μέση

Διαβάζει

Στην αδερφή μου και σε 'μένα

Αντικρίζοντας τον κόσμο

Το δικό μας κόσμο

Από το κατώφλι

Στη Νέα Υόρκη.

Το ωραίο με το κατώφλι μας

Όλα μοιάζαν ευπρόσδεκτα

Καθώς η μαμά διάβαζε την ιστορία

Η Πριγκίπισσα και το Μπιζέλι

Άλλοι ερχόντουσαν να ακούσουν

Απρόσκλητοι

Κι όμως, προσκεκλημένοι

Η μαμά τα κατάφερε μόνο μέχρι την πρώτη γυμνασίου

Ίσως τη δευτέρα

Έναν μόνο στόχο είχε στο μυαλό της

Τα παιδιά της θα τελείωναν

το σχολείο.

Διαβάζοντας μας

Στο κατώφλι, αυτό το απόγευμα Σαββάτου

Η μαμά διασφάλιζε την επιτυχία μας.

Ο ΘΑΝΑΤΟΣ ΤΕΛΕΙΩΝΕΙ ΜΙΑ ΖΩΗ ΟΧΙ ΜΙΑ ΣΧΕΣΗ

Η αδερφή μου

Έχασε τον άντρα της

Πενήντα τριών ετών

Από καρκίνο στο κόλον

Θρηνεί για την απώλεια της.

Την απώλεια της οικογένειας

Την κεφαλή

Τον εραστή της

Τον κουβαλητή

Τον πατέρα του γιού της

Τον παππού των εγγονιών.

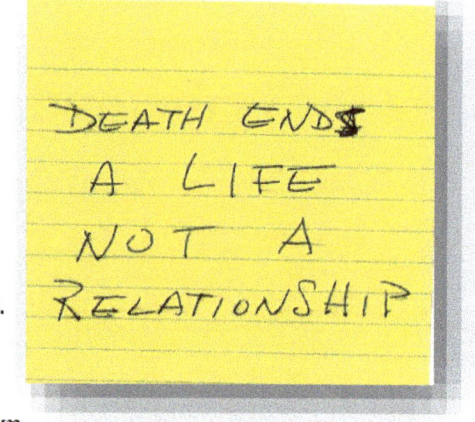

Συχνά, έρχεται για επίσκεψη

Ενώ αυτή κοιμάται

Οι επισκέψεις είναι πολύ ζωντανές

Με τη λαχτάρα για

Ένα ακόμη απαλό

Άγγιγμα του χεριού του

Στο πρόσωπο της

Ή να αποκοιμηθεί στην αγκαλιά του

Μία κρύα νύχτα.

Μου έδωσε αυτό το σημείωμα

Θέλω να ξέρεις Μαρία

Έχω ακόμη σχέση με

Τον Τζιμ

Θυμήσου παντρεύτηκα τον

Βαλεντίνο μου.

Ξέρω πως ήθελε να γράψω

Κάτι για τον Τζιμ

Τον έρωτα της ζωής της

Τον άνδρα που ολοκλήρωνε

Τη λίστα της αγαπημένης του

Άσχετα πόσο μεγάλη ήταν.

Θέλοντας

Η μνήμη του να είναι αιώνια

Επίσης!!

Ο ΤΟΙΧΟΣ ΤΗΣ ΤΟΥΑΛΕΤΑΣ

Έχεις ποτέ σταματήσει για να διαβάσεις

Το τοίχο της τουαλέτας;

Οι άνδρες, φαντάζομαι το έχουν κάνει

Με ευκολία στο ουρητήριο

Αντικρίζετε τον τοίχο· δεν έχετε και πολλά να κάνετε

Κι έτσι, διαβάζετε.

Αριθμούς τηλεφώνων

Εστιατόρια

Στριπτιζέρς

Εύκολα κορίτσια

Μικρές ζωγραφιές με

Βυζιά και μακριά μαλλιά.

Δεν είμαι σίγουρη γιατί να ζωγραφίζουν

Ενώ πάνε στην τουαλέτα

Ο στόχος τους μπορεί να είναι λίγο άστοχος

Αυτό είναι που με εξέπληττε πάντα

Οι άνδρες πηγαίνουν στην τουαλέτα αντικρίζοντας τη

λεκάνη

Για κάποιον λόγο ο στόχος τους είναι λίγο εκτός.

Ενώ τα κορίτσια το κάνουν ανάποδα

Στέκονται κυρίως όρθιες μην ακουμπήσουν το καπάκι

Ο στόχος τους είναι τόσο καλύτερος

Λίγα ίχνη μόνο κίτρινων σταγόνων.

Στον τοίχο στις τουαλέτες γυναικών

Και στις πόρτες της καμπίνας

Emma Villavicencio

Υπάρχουν καρδιές και λέξεις·

Εμίλσε αγαπάει το μωράκι

Μαρία και Μπιλ για πάντα

Το νούμερο μου είναι 345-7896

Κάνω μπέιμπι σίτινγκ τα Σαββατοκύριακα

Αξιόπιστη.

Η μεγαλύτερη διαφορά φύλων

Τα αγόρια θέλουν περισσότερα

Τα κορίτσια, είναι ευχαριστημένα με αυτά που έχουν.

ΝΕΚΡΗ ΣΚΟΝΗ

Η Έλινορ έχει τη λίστα εργασιών της

Ένα από τα πράγματα που πρέπει να κάνει

Είναι να τακτοποιήσει

Τη στάχτη της πεθεράς της

Την έχει στο σπίτι της

Για δεκατέσσερα χρόνια.

Αποφασίσαμε να πάμε εκεί που είναι θαμμένοι η μαμά και ο μπαμπάς

Μετά τον χαιρετισμό στον τάφο της μαμάς και του μπαμπά

Προσπαθούμε να σκάψουμε μία τρύπα

Να βάλουμε τη στάχτη

Δεν είχα ιδέα ότι

Το χώμα ήταν τόσο σκληρό.

Φέραμε πλαστικά κουτάλια

Να σκάψουμε την τρύπα

Και τα δύο έσπασαν

Μετά ψάξαμε για

Κάτι πιο δυνατό

Βγάλαμε ένα κομμάτι του

Αυτοκινήτου

Αυτό, δεν θα έσπαγε.

Σκάψαμε μία τρύπα γύρω

Στις τρεις ίντσες βάθος

Αρχίσαμε να ρίχνουμε μέσα τις στάχτες

Με τον άνεμο να στροβιλίζεται

Στο νεκροταφείο.

Η στάχτη άρχισε να πετάει

Η τρύπα γέμισε

Δεν ήξερα

Η νεκρή στάχτη περιέχει

Κάτι που μοιάζει με μικροσκοπικά

Κομματάκια από κόκκαλα

Χέρια και πόδια κεφάλι και ώμους

Διαχωρισμένα το ένα από το άλλο.

Γνωρίζω πως αυτό είναι παράνομο

Αλλά τι να κάνεις με τις στάχτες;

Σκάψαμε άλλη μία τρύπα

Τι άλλο συμβαίνει

Ο άνεμος χειροτερεύει φυσικά

Πρέπει να αλλάξουμε κατεύθυνση

Γυρίσαμε για να έχουμε τον άνεμο πίσω μας

Αυτή η νεκρή στάχτη έπεσε όλη πάνω μας

Στα μαλλιά μας, στα παπούτσια μας

Στην τρίτη τρύπα

Η πεθερά της είχε σχεδόν τοποθετηθεί να αναπαυθεί.

Στη μαμά θα άρεσε αυτό

Γιατί πάντα υποδεχόταν όλους στο σπίτι μας

Και στον μπαμπά θα άρεσε

Του άρεσε η συντροφιά

Ειδικά εάν δεν επρόκειτο να δειπνήσουν μαζί μας

Μην λέγοντας περί τίνος

Θα ήταν η συζήτηση τους

Ελπίζοντας πως θα ήταν γεμάτη με

Γέλιο όπως τα κοριτσάκια τους

τακτοποιώντας τις δουλειές.

Αχ, πόσο γελούσαμε

Ένα πράγμα είναι σίγουρο

Όλοι μας λείπουμε.

Carolina Lopez-Lima

ΓΙΑΤΙ ΠΕΡΙΜΕΝΑ

Τόσο πολύ

Να καταλάβω την υποχρέωση μου

Στη ζωή

Προς τη ζωή

Για τη ζωή

Να κάνω τον κόσμο λίγο καλύτερο

Απλά και μόνο επειδή ήμουν εδώ

Παράξενη είναι η υποχρέωση·

Πράγματι μία επιθυμία πλέον τώρα

Δεν θα γίνω Γκάντι

Ή Μητέρα Τερέζα

Ή γυναίκα θαύμα.

Απλά θα σιγουρευτώ

Να κάνω μικρά πράγματα για

Όσους περισσότερους ανθρώπους μπορώ

Και να θυμάμαι να μην

Εξαιρώ

Την οικογένεια μου.